Kommunion als Gemeinschaft den Kindern erklärt

von Georg Schwikart

mit Bildern von Sigrid Leberer

Verlag Butzon & Bercker Kevelaer

Kommunion heißt: Gemeinschaft

Gemeinschaft, wie Gott sie für uns möchte,
ist ein Miteinander und Füreinander der Menschen.
Wenn wir leben wie Jesus,
dann erfahren wir, was Kommunion bedeuten kann.
Kommunion heißt: ein erfülltes Leben haben.
Die Gemeinschaft mit Jesus
verändert und erfüllt unser Leben.

Jesus erzählte den Menschen Geschichten,
damit sie Gott besser verstehen.
Er sprach in Bildern und Vergleichen.
Ein Bild ist auch der Baum.
Unser Leben ist wie ein Baum.
Manches gleicht einer prächtigen Weide,
anderes einem Zitronenbaum.
Ein Drittes ähnelt der hochragenden Pappel,
eines ist wie ein Rosenstrauch: schön und stachelig.

Wir haben Wurzeln, die uns Stand geben,
Blätter, die Schatten werfen,
wir bringen Blüten und Früchte,
brauchen Licht und Wasser.

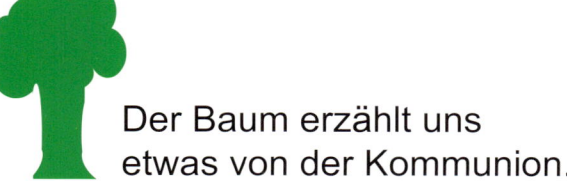

Der Baum erzählt uns
etwas von der Kommunion.

Der Baum braucht einen festen Stand

Dafür hat er starke Wurzeln.
Sie gehen fast so tief in die Erde hinein,
wie oben die Äste und Zweige in den Himmel ragen.
Die Wurzeln sind kräftig,
niemand kann sie leicht herausreißen.
Wenn ein Sturm kommt, bewegt sich der Baum,
er biegt sich unter der Kraft des Windes.
Aber er fällt nicht um.

Auch ich brauche einen festen Stand.
Ich brauche starke Wurzeln,
damit mich nichts so leicht umpusten kann.
Meine Wurzeln sind mein Zuhause,
ein Ort, an dem ich sein darf, wie ich bin.
Meine Wurzeln sind meine Familie,
die Menschen, die mich lieben.
Meine Wurzeln sind mein Glaube an Gott:
Er macht mich stark und mutig.

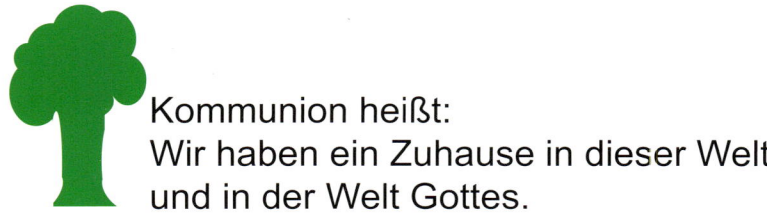

Kommunion heißt:
Wir haben ein Zuhause in dieser Welt
und in der Welt Gottes.

Der Baum trägt Früchte

Sie werden größer, saftig und knackig,
bis sie endlich reif sind und geerntet werden.
Auf den einen Bäumen wachsen
Äpfel, Kirschen, Birnen, Aprikosen,
lauter Früchte, die Kinder und Erwachsene gerne essen.
Eicheln, Bucheckern und Kastanien wachsen auf anderen:
Die Tiere aus dem Wald und vom Feld ernähren sich davon.

Auch ich kann Frucht bringen.
Wenn ich für andere da bin, meine Aufgaben erfülle:
meinen Teil beitrage im Haushalt,
der Oma einen Brief schreibe,
einem Kind aus meiner Klasse bei den Hausaufgaben helfe,
dem kleinen Bruder etwas vorlese.
Jeder kann etwas tun,
damit diese Welt ein bisschen wärmer und heller wird.
Jeder kann etwas gut und niemand kann nichts.
Alle geben und nehmen.
Ich esse von den Früchten anderer,
ich lege auch meine in den Korb.

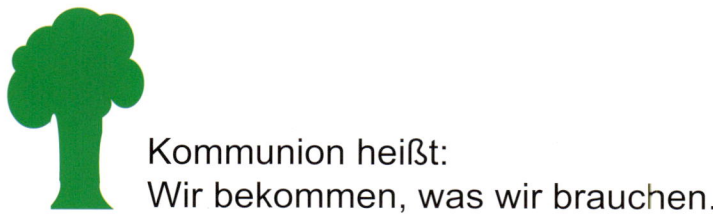

Kommunion heißt:
Wir bekommen, was wir brauchen.

Im Baum baut ein Vogel sein Nest

Aus kleinen Zweigen und Gras
macht er geschickt ein warmes Bett für die Eier.
Sie werden ausgebrütet
und dann schlüpfen seine Kinder ins Freie.
Hoch im Baum ist das Nest sicher vor anderen Tieren.
Blätter schützen es vor jedem Wetter.

Auch ich möchte anderen Geborgenheit schenken:
Sie dürfen mir ihre Sorgen erzählen
und ich höre geduldig zu.
Ich tröste denjenigen, der traurig ist.
Wer sich fürchtet, den beschütze ich.
Vor mir muss niemand Angst haben.
Mir kann man vertrauen.

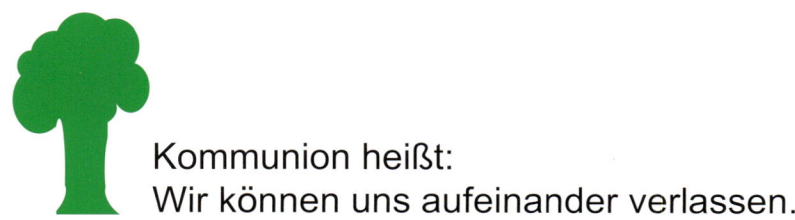

Kommunion heißt:
Wir können uns aufeinander verlassen.

In den Baum kann ein Blitz einschlagen

Da helfen dem Baum nicht sein Alter und seine Kraft.
Der Blitz ist stärker.
Er kann den Baum zerreißen,
er kann ihn entzünden und verbrennen.
Der Blitz tut dem Baum weh.

Auch in meinem Leben gibt es das:
dass mir jemand wehtut, mich ärgert,
mich ungerecht behandelt.
Ich will es dem anderen heimzahlen,
mich rächen.
Auf Gemeinheit folgt Gemeinheit,
auf Schmerz wieder Schmerz.
Das ist der Kreislauf des Bösen.
Einer muss ihn durchbrechen und verzeihen.
Schwerer, als eine Faust zu ballen,
ist es, die Hand zur Versöhnung zu reichen.

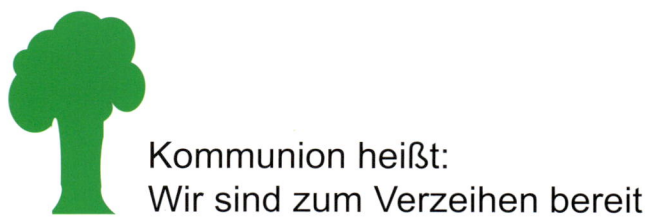

Kommunion heißt:
Wir sind zum Verzeihen bereit.

Der Baum spendet Schatten

Seine Äste und Zweige tragen unzählige Blätter.
Darunter kann man ausruhen, geschützt vor der heißen Sonne.
Es ist schön, sich unter dem Baum hinzulegen
und in den Himmel zu blinzeln.
Ein Picknick kann man darunter machen.
Auf dem Baum können die Kinder toll spielen,
wenn sie vorsichtig von Ast zu Ast klettern,
ohne dem Baum zu schaden.
Oben kann man ins weite Land hinausschauen,
hat einen Überblick.

Auch ich kann anderen Freude bereiten:
andere mit meinem Lachen anstecken
und gute Laune verbreiten,
etwas vorsingen oder Musik machen,
Nudeln kochen, Bilder malen.
Andere dürfen zu mir kommen
und zusammen unternehmen wir etwas.

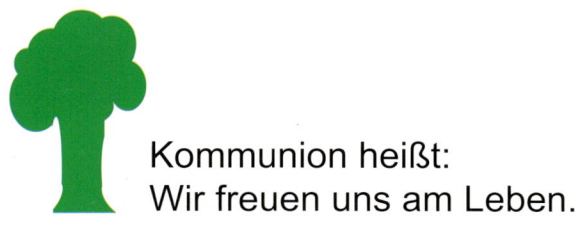

Kommunion heißt:
Wir freuen uns am Leben.

Der Baum blüht

Die Blüten sehen herrlich aus:
weiß und rosa, gelb und orange.
Sie duften süß.
In den Blüten befinden sich die Samen.
Sie geben das Leben weiter.

Auch ich kann blühen
und das Leben weitergeben.
In meinem Körper ist schon alles vorgesehen,
damit ich später selbst einmal
Mutter oder Vater eines Kindes werden kann.
Das ist eine große Verantwortung.
Ich pflege meinen Körper und achte darauf,
nichts zu essen und zu tun, was ungesund ist.
Denn Gott ist in mir.
Das Leben mit Gott gebe ich schon jetzt weiter – den Glauben.
Unter den Menschen, mit denen ich zusammenlebe,
lebe ich als Christ.
Ich soll nicht wie ein Pfarrer in der Kirche predigen,
sondern ich spreche durch meine Taten von Gott, der alle liebt.

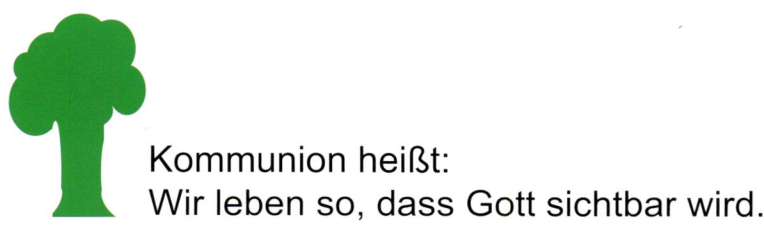

Kommunion heißt:
Wir leben so, dass Gott sichtbar wird.

Der Baum wächst

Als Same gepflanzt, vom Gärtner gehegt und gepflegt
wird der Baum größer, breiter, höher.
Der Baum verändert sich:
Im Herbst fallen die Blätter ab. Im Winter sieht er wie tot aus.
Doch im nächsten Frühling ist er kräftiger als zuvor,
hat einen Jahresring dazubekommen.

Auch ich verändere mich,
werde älter und reifer.
Was wird aus mir einmal werden, wie werde ich leben?
Jedes Menschenleben hat einen Sinn,
jeder Mensch seine Aufgabe.
Was Gott mit mir vorhat, ist noch ungewiss.
Aber ich wurde erwartet.
Ich bin offen für vieles, das in meinem Leben möglich ist.
Ich lerne, Entscheidungen zu treffen.
Ich bin neugierig.

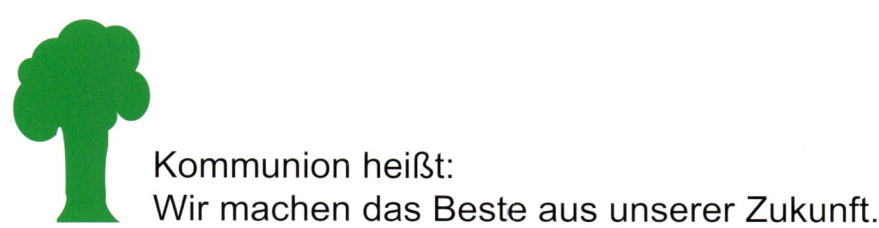

Kommunion heißt:
Wir machen das Beste aus unserer Zukunft.

Der Baum steht oft nicht allein

Mit anderen zusammen bildet er den Wald.
Die Bäume schützen sich gegenseitig.
Der Wald ist Lebensraum für viele Tiere.
Seine grünen Blätter säubern die Luft.

Auch ich lebe nicht allein.
Ich komme täglich mit Menschen zusammen –
mit Mutter, Vater und Geschwistern,
mit Freundinnen und Freunden,
mit Nachbarn und Verwandten.
Ich begegne Menschen
in der Schule, im Turnverein, im Chor.
Ich treffe mich sonntags mit anderen Christen
zum Gottesdienst in der Kirche.
Dort feiern wir unseren Glauben,
indem wir singen, beten, manchmal tanzen,
Geschichten von Jesus hören.
Wir machen uns gegenseitig Mut.
Wir teilen Brot und Wein.

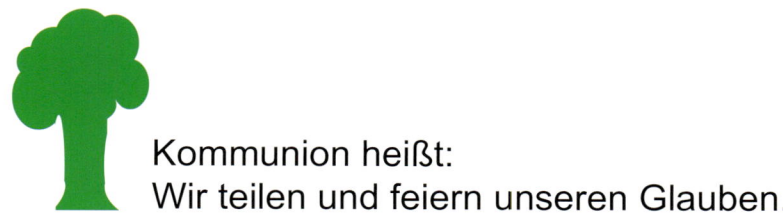

Kommunion heißt:
Wir teilen und feiern unseren Glauben.

Der Baum braucht Licht und Wasser

Ohne Sonne und Regen stirbt der stärkste Baum ab.
Er braucht Licht, das er mit den Blättern aufnimmt.
Er braucht Wasser, das er mit den Wurzeln aufsaugt.
Ohne Nahrung hält der Baum nicht lange durch.

Auch ich brauche Nahrung
für meinen Körper und meine Seele.
Ich brauche Brot und Milch, Gemüse und Fleisch,
auch leckere Sachen wie Kuchen und Eis.
Ich brauche das Streicheln meiner Eltern,
den ehrlichen Rat eines Freundes oder einer Freundin,
ein Lob, ein Lächeln.
Ich brauche für meinen Glauben Nahrung –
immer wieder neu das Versprechen Gottes:
„Ich bin für dich da."
Diese Nahrung schenkt mir Jesus:
In der Kommunion habe ich Gemeinschaft mit ihm
und mit allen, die an ihn glauben.

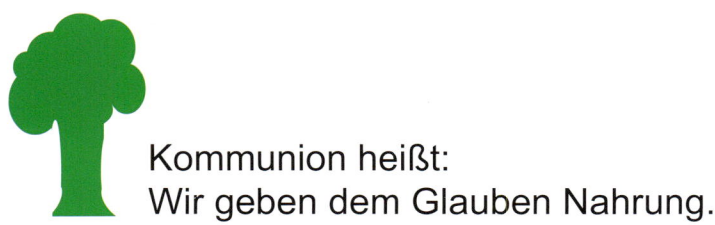

Kommunion heißt:
Wir geben dem Glauben Nahrung.

Wie schön, dass es dich gibt

Du hast gerade noch gefehlt auf dieser Welt.
Die Welt, in der du lebst,
ist groß und schön,
kompliziert und gefährlich,
bunt und nie fertig.
Wie unsere Welt ist, hängt auch von dir ab.
Jeder kann mithelfen,
das Leben friedlicher, gerechter und lustiger zu machen.

Gott hat uns Menschen viel geschenkt:
Die Erde ist uns anvertraut,
das Leben gegeben.
Er hat uns seinen Sohn geschenkt,
ihm begegnen wir in der Kommunion.
In kleinen Brotstücken aus Mehl und Wasser
haben wir Gemeinschaft mit Jesus.
Gemeinschaft mit Jesus bedeutet,
sein Leben anders zu leben,
ein erfülltes Leben zu haben.

 Der Baum will uns daran erinnern.

In dieser Reihe sind unter anderem erschienen:

Georg Schwikart
Die Sakramente den Kindern erklärt
Mit Bildern von Yvonne Hoppe-Engbring
ISBN 3-7666-0058-3

Franz Menke
Von Schutzengeln den Kindern erzählt
Mit Bildern von verschiedenen Illustratorinnen
ISBN 3-7666-0006-0

Reinhard Abeln
Das Haus Gottes den Kindern erklärt
Mit Bildern von Astrid Leson
ISBN 3-7666-0099-0

**Bibliografische Information
Der Deutschen Bibliothek**

Die Deutsche Bibliothek verzeichnet diese Publikation in der Deutschen Nationalbibliografie; detaillierte bibliografische Daten sind im Internet über http://dnb.ddb.de abrufbar.

Das Gesamtprogramm
von Butzon & Bercker
finden Sie im Internet
unter www.bube.de

ISBN 3-7666-0137-7
4. Auflage 2004

© 1998 Verlag Butzon & Bercker D-47623 Kevelaer
Alle Rechte vorbehalten
Gesamtherstellung: Benatzky Druck und Medien, Hannover